COURTES RÉFLEXIONS

SUR L'ÉTAT CIVIL

DES COMÉDIENS.

Par M. J. DE CHENIER.

Tout homme qui veut écrire, doit vouloir être utile ; tout homme qui veut être utile en écrivant, doit avoir une raison forte et courageuse, incapable de fléchir sous les préjugés, et de redouter les vraies conséquences des vrais principes.

NOUVELLE ÉDITION.

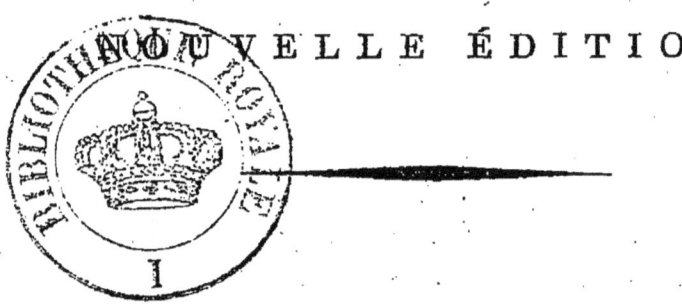

A PARIS,
DE L'IMPRIMERIE DE MONSIEUR.
M. DCC. LXXXIX.

COURTES RÉFLEXIONS
SUR L'ÉTAT CIVIL
DES COMÉDIENS.

Dans quelques Districts, des comédiens ont été nommés, à la pluralité des voix, Officiers de la Garde-nationale. Plusieurs citoyens du comité militaire de la Ville ont réclamé contre le choix des Districts. Je soumets à la raison de ces citoyens les réflexions suivantes, qui devraient être inutiles à la fin de notre siècle. Je les écrirai sans ornement, sans passion; il ne s'agit pas ici d'émouvoir, mais de convaincre : si je me trompe, réfutez-moi; si je dis la vérité, rendez-vous à la vérité.

Vous êtes convenus que la pluralité des voix serait l'expression de la volonté générale. Vous êtes convenus que la volonté générale, dans chaque District, nommerait les Officiers de chaque District. La volonté générale a fait le choix dont vous vous plaignez : donc ce choix est légal ; donc vous ne pouvez légitimement réclamer contre ce choix.

Du moment que vous admettez un homme dans vos assemblées du peuple, vous le déclarez citoyen ; vous lui donnez le droit d'élire et d'être élu : vous avez admis des comédiens dans vos assemblées du peuple : donc vous les avez déclarés citoyens ; donc ils pouvaient élire et être élus ; donc vous ne pouvez légitimement réclamer contre le choix tombé sur eux.

Si vous pensiez que les comédiens ne devaient pas être éligibles, il fallait les empêcher d'être électeurs ; il fallait, pour être conséquens, les priver entièrement de leurs droits politiques. Je dis, pour être conséquens ; je ne dis pas pour être justes.

Maintenant nous voici dans la thèse générale. Si vous aviez privé les comédiens de leurs droits politiques, vous auriez fait ce que vous n'aviez pas le droit de faire. Ce droit ne peut appartenir ni aux assemblées de Districts, ni à la Municipalité, ni, par conséquent, au Comité militaire, qui n'est qu'une fraction de la Municipalité.

Quant à l'Assemblée nationale, n'a-t-elle pas solennellement reconnu l'éternel principe que voici : *Tous les hommes sont égaux en droits ?* Si, partant d'un tel principe, elle arrivait à ce résultat : *Par conséquent, il y a des hommes qu'on peut priver d'une partie de leurs droits, ou de leurs droits entiers*, n'avouerez-vous pas qu'on pourrait lui reprocher tout à-la-fois beaucoup d'inconséquence et beaucoup d'injustice ? N'avouerez-vous pas qu'elle ferait une chose contraire au droit reconnu par elle-même ? Or, sans énoncer ce résultat, elle y arriverait, si elle privait les comédiens de leurs droits politiques; ou si, chargée de la régénération de la France, chargée, dans le plus éclairé des siècles, de faire des lois pour le plus éclairé des peuples, elle laissait encore subsister parmi nous l'imbécille préjugé qui flétrit un art très-difficile et très-moral.

En Virginie on a fondé le droit de Cité sur la propriété. Tout homme domicilié dans le pays depuis sept ans, jouissant dans le pays de quarante livres de rente en propriété, possède les droits politiques. Tout homme peut acquérir une propriété, par conséquent, les droits politiques. Adoptez, si vous voulez, la loi de Virginie; elle est juste, raisonnable, très-morale dans ses effets. Mais il seroit souverainement absurde d'ôter à des hommes le droit de Cité, parce qu'ils exercent une profession quelconque.

Ne dites pas que les Romains se gardaient de placer les comédiens sur la même ligne que le reste des citoyens. D'abord, si je voulais compromettre ma raison en combattant d'autorités, j'opposerais l'exemple des Athéniens à celui des Romains. Mais laissons à des enfans cette manière d'argumenter. Vous pourriez dire que les Athéniens avaient tort; on pourrait vous répondre qu'ils avaient raison : dès-lors, il faudrait quitter le fait pour examiner la chose elle-même; et la question de droit recommencerait. LES DROITS DES HOMMES RÉSULTENT DE LEUR NATURE, ET NON PAS DE CE QUI S'EST FAIT. Le philosophe ne raisonne pas d'après des évènemens, mais d'après des principes.

Ne dites pas qu'être citoyen et commander à plusieurs citoyens sont deux choses séparées par une grande distance. Demandez à votre Commandant-Général, qui a vécu chez des républicains, qui a si vaillamment combattu pour défendre la liberté Américaine; demandez-lui si, dans un pays libre, le citoyen, qui a le *droit* d'être soldat, n'a pas le *droit* d'être général. Toute espèce de modification du droit des hommes est une injustice, puisque le droit est essentiellement le même pour tous. En ravissant la moindre partie de ses droits à tout citoyen qui n'est pas criminel, vous commettez une injustice; en le rendant esclave, vous êtes plus cruels, mais vous n'êtes pas plus injustes.

Français, peuple généreux, peuple équitable, et digne de la liberté; Français, vous vous élevez contre les priviléges, contre les exclusions de toute espèce, données à des classes immenses de citoyens : vous détestez justement les Aristocrates ; ne les imitez pas : vous avez été opprimés; n'opprimez pas. En resserrant l'oppression sur un plus petit nombre, on ne la rend pas plus juste. Détestez-vous le préjugé qui choque vos passions ? aimez-vous le préjugé qui les flatte ? L'ignorance et la superstition firent naître jadis celui que j'accuse en ce moment. Faut-il que la vanité le soutienne encore? DEVENONS FIERS, POUR N'AVOIR PLUS DE VANITÉ : ne raisonnons pas d'après des passions, mais d'après des principes.

On connaît les honneurs rendus en Angleterre à la cendre de Garrik. Garrik était un très-honnête homme. On ne pense pas en Angleterre qu'un très-honnête homme soit flétri, parce qu'il déclame parfaitement. Molière, qui étoit un très-honnête homme, et, de plus, un très-grand homme, fut à peine enterré en France. On a proposé à Garrik de siéger dans la chambre des Communes, d'être au nombre des représentans de la nation Anglaise. Molière, en France, n'aurait pu parvenir à une place de Marguillier. Je demande s'il y a parmi les députés de la nation Française un seul homme qui fût humilié de se trouver assis auprès de l'auteur de Tartuffe et du Misanthrope ; je demande s'il y a parmi leurs commettans un seul homme, qui refusât Molière pour représentant *du peuple,* dans un moment où il faut soutenir les intérêts *du peuple,* de l'humanité, de la raison.

Mais, me direz-vous, ce n'est pas en qualité de comédien que Molière est un grand homme ; c'est comme écrivain, c'est comme poète, c'est comme philosophe. Je le sais aussi bien que vous : je sais que deux espèces d'individus seulement peuvent obtenir ce titre de Grands-hommes ; ceux qui ont honoré leur siècle par d'éminentes vertus, et ceux qui l'ont éclairé par un génie transcendant. Observez maintenant que cette réflexion ne prouve rien en faveur du préjugé que je combats. Molière, malgré son génie, seroit avili, si la profession qu'il exerçoit pouvoit être avilissante.

Tout homme, avant d'être comédien, jouissoit pleinement du droit de cité; vous le reconnoissiez pour votre égal. Vous le faites déchoir, vous l'avilissez du moment qu'il sait vous attendrir sur les malheurs des hommes, du moment qu'il sait vous faire rire des travers attachés à l'humaine nature! Vous l'avilissez, quand il cultive un talent difficile, qui n'est nuisible à personne, qui est très-utile au contraire par son influence morale! Vous l'avilissez, quand il acquiert des droits à votre reconnoissance! Êtes-vous justes? êtes-vous conséquens? Je ne veux m'en rapporter qu'à vous-même.

Dans l'état social, deux choses peuvent flétrir; le crime et le vice. De ces deux choses, la première *seule* mérite une flétrissure légale. La flétrissure du vice est dans l'opinion publique. L'homme vicieux ne doit pas être privé de ses droits de cité; mais s'il est reçu dans les assemblées du peuple, s'il est juste qu'il y soit reçu, c'est au peuple à ne pas l'élire. Voilà des principes que vous êtes forcés d'admettre, si vous admettez LES PRINCIPES.

Maintenant, croyez-vous *le vice* inhérent au talent de la déclamation ? Il vous est impossible de répondre affirmativement. Une telle absurdité vous répugne ; le nom de Molière vous arrête ; l'expérience est contre ceux qui pourroient se résoudre à l'affirmative ; et je leur oppose sur-tout l'austère raison, la nature des choses, plus fortes encore que l'expérience et que le nom de Molière. Or, en conservant le cruel préjugé qui flétrit les comédiens, vous les traitez, non pas comme des gens nécessairement vicieux, mais comme des gens nécessairement criminels : c'est le dernier degré de l'injustice. *Cette absurdité convient aux Welches*, diroit M. de Voltaire. Mais vous êtes des Français, des Français du dix-huitième siècle, des Français devenus libres par la force des lumières. Ecoutez votre raison sur ce point, comme sur tout le reste ; soyez en tout dignes de vous-mêmes.

Si vous voulez sacrifier encore à ce préjugé barbare, soyez du moins conséquens dans votre injustice. Si la déclamation vous paroît un art avilissant, privez aussi des droits de cité cette foule prodigieuse de comédiens de société, ces acteurs de tous les rangs, qui dégouteroient, s'il étoit possible, des représentations théâtrales. Quelle considération peut vous engager à ne pas les envelopper dans votre anathême ? Seroit-ce leur manque de talent ? leur manie déplorable de cultiver un art auquel ils sont inhabiles ?

Mais ils ne sont point *salariés*. Ainsi, selon vous-même, l'art de déclamer, de représenter des pièces de théâtre, n'est point digne, par sa nature, de l'espèce de blâme dont la profession des comédiens est encore chargée en France; une fois ce point accordé, vous allez reculer toujours, et vous serez forcés d'abjurer l'erreur que vous respectez par habitude.

Un éloquent député de Provence ne voit dans la société que trois classes, les *mendians*, les *voleurs*, et les *salariés*. Je pense que M. de Mirabeau force le sens des mots, en comptant ceux qui sont *uniquement propriétaires* dans la classe des *salariés*. Ceux qui sont *uniquement propriétaires* forment, sans doute, une quatrième classe ; mais celle des *salariés* compose incontestablement les neuf dixièmes de la société. C'est la partie de l'état la plus utile, pour ne pas dire la seule utile. Cette classe comprend tous ceux qui exercent les métiers;

tous ceux qui professent les arts, tous les officiers publics, tous les agens du pouvoir législatif, du pouvoir exécutif et du pouvoir judiciaire. Si vous flétrissez les comédiens, parce qu'ils sont *salariés*, je vous le répète encore, soyez conséquens dans votre injustice. Flétrissez les neuf dixièmes de la nation ; les comédiens ne sont qu'une partie de ces neuf dixièmes *salariés*. L'art de la déclamation ne vous paraît pas flétrissant par lui-même : une profession lucrative ne vous paraît pas non plus flétrissante. Expliquez-moi, de grace, comment deux choses réunies peuvent avilir, quand elles sont honnêtes séparément.

Mais, direz-vous encore, les comédiens sont exposés à l'improbation tumultueuse du public. Si c'est pour cela que vous les privez de leurs droits de citoyens, je vous le répéterai toujours, soyez conséquens dans votre injustice. Privez des droits de citoyens tous ceux qui parlent en public, les orateurs même de l'assemblée nationale ; ils sont exposés aux mêmes accidens. Je ne veux établir sans doute aucun autre rapport entre eux et les comédiens. Mais enfin ce rapport existe : il suffit à l'objet que je veux remplir. Vous n'empêcherez jamais un peuple libre d'approuver ou d'improuver tumultueusement les hommes et les choses qui lui plaisent ou qui lui déplaisent : mais un citoyen ne peut être dépossédé du droit de cité, par la raison que ses talens n'ont pas eu le suffrage du peuple.

De ces raisonnemens, que je crois sans réplique, je conclus qu'il est de justice rigoureuse de laisser jouir pleinement les comédiens de leurs droits civils et politiques, et de les placer précisément sur la même ligne que le reste des citoyens. Quant aux individus, laissez la considération publique chercher celui qui la mérite, et fuir celui qui n'en est pas digne. Soyez certains que l'opinion générale ne se trompe pas long-temps sur un citoyen. Je pense que j'ai suffisamment éclairci cette question intéressante. Je n'ai point voulu flatter les passions des personnes que je défends, ni même celles de mes lecteurs : j'ai dit simplement, austèrement la vérité qu'il falloit dire. Tout homme qui veut écrire doit vouloir être utile ; tout homme qui veut être utile en écrivant doit avoir une raison forte et courageuse, incapable de fléchir sous les préjugés, et de redouter les vraies conséquences des vrais principes.

6 septembre 1789.

www.ingramcontent.com/pod-product-compliance
Lightning Source LLC
Chambersburg PA
CBHW071446060426
42450CB00009BA/2309